BI FAGNA JEAN BAPTISTE SAMI

LA PLACE DES CYBER ACTIVISTES DANS LE PAYSAGE POLITIQUE IVOIRIEN

BI FAGNA JEAN BAPTISTE SAMI

LA PLACE DES CYBER ACTIVISTES DANS LE PAYSAGE POLITIQUE IVOIRIEN

Rôle émecyber à la scène politique en Côte-D'ivoire: Analyse des implications et défis actuels

Dictus Publishing

Imprint
Any brand names and product names mentioned in this book are subject to trademark, brand or patent protection and are trademarks or registered trademarks of their respective holders. The use of brand names, product names, common names, trade names, product descriptions etc. even without a particular marking in this work is in no way to be construed to mean that such names may be regarded as unrestricted in respect of trademark and brand protection legislation and could thus be used by anyone.

Cover image: www.ingimage.com

Publisher:
Dictus Publishing
is a trademark of
Dodo Books Indian Ocean Ltd. and OmniScriptum S.R.L publishing group

120 High Road, East Finchley, London, N2 9ED, United Kingdom
Str. Armeneasca 28/1, office 1, Chisinau MD-2012, Republic of Moldova, Europe
Printed at: see last page
ISBN: 978-613-7-35743-9

Sommaire

DÉDICACE A YVES AHIPO

(Le cyber activiste le plus constant dans l'activisme)

Cher Yves Ahipo,

C'est avec une grande admiration et reconnaissance que je souhaite te dédier ces mots. En tant que cyber activiste, tu es un exemple de persévérance, d'engagement et de détermination. Tu es constamment présent pour défendre les causes qui te tiennent à cœur et pour informer et sensibiliser les autres.

Ta passion pour la justice et pour un monde meilleur est contagieuse, et ton travail a un impact réel et concret. Tu es une source d'inspiration pour moi et pour tant d'autres, et je suis fier de pouvoir te compter parmi mes amis et collègues.

Que ton engagement et ta détermination ne faiblissent jamais, car le monde a besoin de personnes comme toi pour continuer à progresser et à évoluer. Merci pour tout ce que tu fais, et pour être un véritable modèle de courage et de dévouement.

Avec toute ma gratitude et mon admiration,

1. Introduction

Les cyber activistes ivoiriens ont joué un rôle de plus en plus important dans le paysage politique ivoirien au cours des dernières années. Grâce aux réseaux sociaux et aux plateformes en ligne, ces activistes utilisent leur voix et leurs compétences en informatique pour défendre des causes sociales et politiques, mobiliser l'opinion publique, et critiquer le gouvernement en place.

Ces cyber activistes ont souvent été à l'avant-garde de la contestation politique en Côte d'Ivoire, notamment lors des élections présidentielles et des manifestations populaires. Leur utilisation habile des médias sociaux leur a permis de contourner la censure et de diffuser largement leurs messages, attirant l'attention nationale et internationale sur les enjeux politiques du pays.

Cependant, les cyber activistes ivoiriens font également face à des défis et des risques, notamment en ce qui concerne la sécurité en ligne et les représailles du gouvernement. Certains ont été victimes de harcèlement, de menaces, voire de persécution pour leurs activités en ligne.

Malgré ces dangers, les cyber activistes ivoiriens continuent de jouer un rôle crucial dans la vie politique du pays, en amplifiant les voix des citoyens ordinaires et en faisant entendre leurs préoccupations. Leur impact et leur importance ne peuvent être sous-estimés dans le contexte politique complexe et mouvementé de la Côte d'Ivoire.

2. Contexte politique en Côte d'Ivoire

Le contexte politique en Côte d'Ivoire est marqué par une histoire tumultueuse de crises politiques, de conflits armés et de transitions politiques difficiles. Depuis son indépendance en 1960, le pays a connu plusieurs périodes d'instabilité politique, avec des coups d'État, des rébellions armées et des élections contestées.

La crise politique la plus marquante en Côte d'Ivoire a été la crise post-électorale de 2010-2011, qui a éclaté à la suite des élections présidentielles de 2010. Ces élections ont opposé le président sortant, Laurent Gbagbo, à Alassane Ouattara, mais ont été marquées par des accusations de fraude électorale et de violence. La situation a dégénéré en un conflit armé entre les partisans des deux camps rivaux, faisant des milliers de victimes et provoquant d'importants déplacements de populations.

Après plusieurs mois de crise, Alassane Ouattara a finalement été reconnu comme le président légitime par la communauté internationale, et Laurent Gbagbo a été capturé et traduit devant la Cour pénale internationale pour des accusations de crimes contre l'humanité.

Depuis lors, la situation politique en Côte d'Ivoire reste fragile, avec des tensions persistantes entre le pouvoir en place et l'opposition. Les élections présidentielles de 2020 ont été marquées par des accusations de fraude électorale et de répression des voix dissidentes, alimentant les tensions politiques dans le pays.

Dans ce contexte, les acteurs politiques, y compris les cyber activistes, jouent un rôle crucial pour promouvoir la démocratie, la transparence et les droits de l'homme en Côte d'Ivoire. Ils contribuent à ouvrir le débat public, à sensibiliser l'opinion et à faire pression sur les autorités pour qu'elles rendent des comptes. Cependant, ils font également face à des défis, notamment en matière de sécurité et de liberté d'expression, en raison de la répression gouvernementale et de la polarisation politique.

3. Emergence des cyber activistes pendant la crise politique de 2010-2011

"Pendant la crise politique de 2010-2011 en Côte d'Ivoire, les cyber activistes ont joué un rôle crucial en utilisant les médias sociaux et les technologies de l'information pour mobiliser l'opinion publique, dénoncer les abus de pouvoir et les violations des droits de l'homme, et soutenir la lutte pour la démocratie et la transparence.

Les cyber activistes ont exploité les plateformes en ligne telles que Facebook, Twitter et les blogs pour diffuser des informations sur la crise en temps réel, contrecarrant ainsi la désinformation propagée par le gouvernement et les médias officiels. Ils ont relayé des témoignages de violences, de répression et d'atteintes aux droits de l'homme, attirant l'attention de la communauté internationale sur la situation en Côte d'Ivoire.

Les cyber activistes ont également organisé des campagnes de sensibilisation, des pétitions en ligne et des actions de mobilisation pour demander la fin de la violence, le respect des normes démocratiques et la mise en place d'un processus électoral transparent. Leur action a contribué à maintenir la pression sur les acteurs politiques impliqués dans la crise et à favoriser un environnement propice à la résolution pacifique du conflit.

Cependant, les cyber activistes ont également fait face à des défis et des risques importants pendant la crise. Ils ont été confrontés à la censure en ligne, aux attaques cybernétiques, à la surveillance gouvernementale et aux menaces physiques. Certains ont été arrêtés, intimidés ou contraints à l'exil en raison de leur engagement en ligne.

Malgré ces obstacles, les cyber activistes en Côte d'Ivoire ont joué un rôle crucial dans la défense des droits de l'homme, de la liberté d'expression et de la démocratie pendant la crise politique de 2010-2011. Leur action a contribué à sensibiliser l'opinion publique, à faire pression sur les autorités et à promouvoir un changement positif dans le pays. Ils demeurent des acteurs clés de la société civile ivoirienne, engageant la population à re."

4. Utilisation des réseaux sociaux par les cyber activistes ivoiriens

Pendant la crise politique de 2010-2011 en Côte d'Ivoire, les cyber activistes ont utilisé les réseaux sociaux de manière stratégique pour amplifier leur message, mobiliser l'opinion publique et dénoncer les violations des droits de l'homme. Voici quelques détails sur l'utilisation des réseaux sociaux par ces activistes ivoiriens:

Diffusion d'informations en temps réel

Les cyber activistes ont eu recours à des plateformes comme Facebook et Twitter pour partager des mises à jour sur la situation en Côte d'Ivoire. En diffusant des informations en temps réel, ils ont pu contrer la propagande gouvernementale et les fausses nouvelles véhiculées par les médias traditionnels.

Sensibilisation et mobilization

Les activistes ont lancé des campagnes de sensibilisation en ligne pour attirer l'attention sur les abus de pouvoir, les violences et les violations des droits de l'homme commis pendant la crise. Ils ont également utilisé les réseaux sociaux pour mobiliser les citoyens à participer à des actions collectives telles que des manifestations pacifiques, des pétitions en ligne ou des appels à la solidarité.

Promotion de la transparence et de la démocratie   Les cyber activistes ont plaidé en faveur de la transparence dans le processus électoral et ont dénoncé toute forme de manipulation ou de fraude. Ils ont encouragé les citoyens à exercer leur droit de vote et à s'impliquer activement dans la vie politique du pays.

Réseau de soutien et de solidarité

Les réseaux sociaux ont permis aux cyber activistes de se connecter avec d'autres militants, organisations de la société civile et sympathisants partageant les mêmes idéaux. Cette mise en réseau a renforcé la solidarité au sein du mouvement et a favorisé la coordination des actions de protestation et de plaidoyer.

En déployant une stratégie efficace sur les réseaux sociaux, les cyber activistes ivoiriens ont pu maximiser leur impact et sensibiliser un public plus large à la crise politique en cours. Leur utilisation innovante des médias sociaux a contribué à changer le discours public, à mobiliser les citoyens et à maintenir la pression sur les acteurs politiques pour une résolution pacifique du conflit.

Contournement de la censure et de la désinformation

Face à la censure en ligne imposée par le gouvernement et à la propagation de fausses informations, les cyber activistes ont utilisé les réseaux sociaux comme des outils de contournement. Ils ont partagé des informations objectives et vérifiées pour contrer la désinformation et permettre au public d'accéder à des sources fiables.

Protection de l'anonymat et de la sécurité en ligne Conscients des risques liés à leur engagement en ligne, certains cyber activistes ont adopté des mesures pour protéger leur anonymat et leur sécurité. Ils ont utilisé des méthodes de cryptage, des réseaux privés virtuels (VPN) et d'autres outils pour se protéger contre la surveillance gouvernementale et les attaques en ligne.

Amplification de la voix des minorités et des voix marginalisées

Les réseaux sociaux ont offert une plateforme aux voix minoritaires et marginalisées pour s'exprimer et partager leurs expériences pendant la crise. Les cyber activistes ont donné une visibilité aux communautés discriminées et ont dénoncé les injustices sociales à travers leurs publications en ligne.

Influence sur la scène international

En relayant des témoignages, des images et des vidéos sur les violations des droits de l'homme en Côte d'Ivoire, les cyber activistes ont attiré l'attention de la communauté internationale sur la situation dans le pays. Leur action a contribué à mobiliser un soutien international en faveur de la protection des civils et de la promotion des droits fondamentaux.

L'utilisation des réseaux sociaux par les cyber activistes ivoiriens a été caractérisée par leur créativité, leur résilience et leur engagement envers la défense des droits de l'homme et de la démocratie. Leur contribution a été essentielle pour faire progresser la cause des droits civiques en Côte d'Ivoire et pour promouvoir la justice sociale et la transparence dans un contexte de crise politique.

5. Critiques du gouvernement par les cyber activistes

Les cyber activistes en Côte d'Ivoire ont adressé plusieurs critiques au gouvernement pendant la crise politique de 2010-2011. Leurs critiques ont porté sur divers aspects de la gouvernance, notamment les abus de pouvoir, les violations des droits de l'homme, la corruption, le manque de transparence et l'absence de démocratie. Voici quelques-unes des principales critiques formulées par les cyber activistes à l'égard du gouvernement ivoirien :

Abus de pouvoir et repression

Les cyber activistes ont dénoncé les abus de pouvoir perpétrés par les autorités en place, notamment les forces de sécurité et les partisans du régime. Ils ont souligné les cas de répression violente contre les manifestants pacifiques, les journalistes indépendants et les opposants politiques, mettant en lumière les violations des droits de l'homme commises sous prétexte de maintien de l'ordre.

Manipulation de l'information et propaganda

Les activistes en ligne ont critiqué la manipulation de l'information et la propagande diffusées par les médias contrôlés par le gouvernement. Ils ont souligné le rôle des médias officiels dans la désinformation du public, la déformation des faits et la diabolisation des voix dissidentes pour étouffer toute opposition et maintenir le pouvoir en place.

Corruption et malversation

Les cyber activistes ont soulevé des préoccupations concernant la corruption généralisée au sein de l'appareil étatique et les détournements de fonds publics. Ils ont dénoncé les pratiques de favoritisme, de népotisme et d'enrichissement illicite au sein de l'élite politique, appelant à plus de transparence et de reddition de comptes dans la gestion des affaires publiques.

Déficit démocratique et restrictions des libertés

Les activistes en ligne ont mis en avant le déficit démocratique en Côte d'Ivoire et les restrictions des libertés fondamentales telles que la liberté d'expression, la liberté de réunion et le droit à un procès équitable. Ils ont déploré le climat d'intimidation et de peur instauré par le régime, entravant la participation citoyenne et la tenue d'élections libres et équitables.

En exprimant ces critiques et en dénonçant publiquement les pratiques répressives et autoritaires du gouvernement, les cyber activistes ont joué un rôle crucial dans la sensibilisation de l'opinion publique, la mobilisation citoyenne et la promotion de la démocratie en Côte d'Ivoire. Leur action a contribué à mettre en lumière les enjeux sociaux et politiques du pays, suscitant un débat national et international sur la nécessité de réformes institutionnelles et de respect des droits fondamentaux.

Déficit démocratique et restrictions des libertés

Les activistes en ligne ont mis en avant le déficit démocratique en Côte d'Ivoire et les restrictions des libertés fondamentales telles que la liberté d'expression, la liberté de réunion et le droit à un procès équitable. Ils ont déploré le climat d'intimidation et de peur instauré par le régime, entravant la participation citoyenne et la tenue d'élections libres et équitables. En exprimant ces critiques et en dénonçant publiquement les pratiques répressives et autoritaires du gouvernement, les cyber activistes ont joué un rôle crucial dans la sensibilisation de l'opinion publique, la mobilisation citoyenne et la promotion de la démocratie en Côte d'Ivoire. Leur action a contribué à mettre en lumière les enjeux sociaux et politiques du pays, suscitant un débat national et international sur la nécessité de réformes institutionnelles et de respect des droits fondamentaux.

6. Dénonciation des abus de pouvoir

Les cyber activistes en Côte d'Ivoire jouent un rôle crucial dans la dénonciation des abus de pouvoir au sein du gouvernement et de la classe politique. Ils utilisent les réseaux sociaux, les blogs et d'autres plateformes en ligne pour exposer la corruption, les violations des droits de l'homme et les pratiques antidémocratiques.

Ces activistes numériques sont souvent des jeunes engagés qui utilisent leur voix et leur influence en ligne pour sensibiliser le public aux questions importantes qui affectent la société ivoirienne. Leur objectif est de rendre les politiciens et les fonctionnaires responsables de leurs actions et de promouvoir la transparence et la bonne gouvernance.

Les cyber activistes font pression sur le gouvernement pour qu'il prenne des mesures concrètes pour lutter contre la corruption, protéger les droits de l'homme et garantir l'équité électorale. Leur travail a contribué à mettre en lumière plusieurs scandales politiques et à mobiliser l'opinion publique pour exiger des réformes et des changements positifs.

Cependant, les cyber activistes en Côte d'Ivoire font souvent face à des menaces et à des représailles de la part des autorités. Ils sont régulièrement surveillés, harcelés et parfois même arrêtés pour leurs activités en ligne. Malgré ces obstacles, ils continuent courageusement à défendre la justice, la démocratie et les droits de l'homme.

En conclusion, les cyber activistes jouent un rôle essentiel dans la lutte contre les abus de pouvoir dans la politique ivoirienne. Leur engagement et leur détermination à faire entendre leur voix contribuent à renforcer la démocratie et à promouvoir un système politique plus juste et transparent en Côte d'Ivoire.

7. Sensibilisation sur les enjeux politiques et sociaux

Les cyber activistes en Côte d'Ivoire jouent un rôle crucial dans la sensibilisation du public aux enjeux politiques et sociaux. Ils utilisent les plateformes en ligne pour informer les citoyens sur les questions importantes qui affectent la société ivoirienne, telles que la corruption, les violations des droits de l'homme, l'équité électorale et d'autres problèmes politiques. En partageant des informations, des analyses et des témoignages, ils éduquent le public et encouragent la réflexion critique sur les actions du gouvernement et des dirigeants politiques. Leur capacité à atteindre un large auditoire en temps réel grâce aux réseaux sociaux et aux blogs leur permet d'influencer les opinions, de mobiliser les citoyens et de susciter des débats constructifs sur des questions essentielles pour la démocratie et la société ivoirienne dans son ensemble.En outre, les cyber activistes en Côte d'Ivoire utilisent également les réseaux sociaux et d'autres plateformes en ligne pour organiser des campagnes de sensibilisation, des pétitions en ligne et des manifestations virtuelles, ce qui leur permet de toucher un public plus large et de mobiliser efficacement les citoyens autour de causes spécifiques. Leur capacité à créer des contenus viraux et à engager les gens dans des discussions en ligne contribue à maintenir l'attention sur les problèmes politiques et sociaux, ce qui peut parfois conduire à des actions concrètes de la part des autorités ou à des changements positifs dans la société. En définitive, leur travail de sensibilisation est essentiel pour promouvoir une citoyenneté active, éclairée et engagée en Côte d'Ivoire.Les cyber activistes en Côte d'Ivoire, grâce à leurs actions de sensibilisation en ligne, parviennent à donner une voix aux préoccupations de la population et à mettre en lumière les injustices et les abus. Leur capacité à créer des discussions ouvertes et inclusives sur les enjeux politiques et sociaux contribue à renforcer la démocratie en favorisant la transparence, la responsabilité et la participation citoyenne. En fin de compte, leur engagement continu à sensibiliser le public est essentiel pour promouvoir un changement positif et une gouvernance plus juste et équitable en Côte d'Ivoire.

8. Mobilisation citoyenne par les cyber activists

Les cyber activistes jouent un rôle crucial dans la mobilisation citoyenne en ligne. Grâce à leurs compétences techniques et leur capacité à utiliser les réseaux sociaux et autres plateformes en ligne, ils peuvent atteindre un large public et sensibiliser les gens à des causes importantes.

Les cyber activistes utilisent souvent des tactiques telles que la diffusion de pétitions en ligne, la création de hashtags viraux, la coordination de campagnes de boycott et la diffusion d'informations sur les réseaux sociaux pour mobiliser les citoyens autour de problèmes sociaux, politiques ou environnementaux.

Ils peuvent également organiser des manifestations en ligne, des cyber-attaques ciblées contre des entreprises ou des gouvernements, ou encore des campagnes de sensibilisation pour faire pression sur les décideurs politiques.

En mobilisant les citoyens en ligne, les cyber activistes peuvent amplifier la voix des minorités, des groupes marginalisés et des défenseurs des droits de l'homme, et contribuer à faire avancer des causes importantes pour la société.

La mobilisation citoyenne par les cyber activistes est un outil puissant pour promouvoir le changement social et politique, et pour donner une voix à ceux qui sont souvent ignorés ou opprimésLes cyber activistes peuvent également jouer un rôle crucial dans la surveillance des gouvernements et des entreprises, en exposant les abus de pouvoir, la corruption et les violations des droits de l'homme. Leur capacité à recueillir et diffuser des informations de manière rapide et efficace peut contribuer à accroître la transparence et la responsabilité des institutions.

Les cyber activistes peuvent également fournir un soutien et une solidarité aux victimes de violations des droits de l'homme, en les aidant à faire entendre leur voix et en mobilisant des ressources pour les soutenir.

Cependant, il est important de noter que les activités des cyber activistes ne sont pas sans risques. Ils peuvent être confrontés à des représailles de la part des autorités, des entreprises ou d'autres groupes qui cherchent à les faire taire. La surveillance, la censure et les attaques en ligne sont des menaces auxquelles les cyber activistes peuvent être confrontés.

Malgré ces risques, de nombreux cyber activistes continuent à œuvrer pour la justice sociale, la démocratie et les droits de l'homme, en utilisant les outils numériques à leur disposition pour promouvoir le changement positif. Leur engagement et leur détermination sont essentiels pour construire un monde plus juste et équitable pour tous.

9. Promotion de la liberté d'expression et de la démocratie

Les cyber activistes jouent un rôle crucial dans la promotion de la liberté d'expression et de la démocratie à travers le monde. En utilisant les plateformes numériques pour diffuser des informations, mobiliser des citoyens et défendre les droits fondamentaux, ils contribuent à renforcer la voix des populations marginalisées et à promouvoir la transparence et la responsabilité des gouvernements et des institutions.

En exposant les abus de pouvoir, la corruption et les violations des droits de l'homme, les cyber activistes mettent en lumière les injustices et les inégalités qui persistent dans de nombreux pays. Leur capacité à contourner les restrictions de censure et à diffuser des informations de manière rapide et efficace permet de sensibiliser le public et de mobiliser des actions collectives pour exiger des changements.

En outre, les cyber activistes jouent un rôle essentiel dans la protection des libertés individuelles en ligne, en luttant contre la surveillance abusive, la censure et la répression numérique. Leur travail contribue à garantir un espace numérique ouvert et libre, où les voix dissidentes peuvent s'exprimer sans crainte de représailles.

Enfin, les cyber activistes sont souvent à l'avant-garde des mouvements sociaux et politiques, en utilisant les outils numériques pour organiser des manifestations, des campagnes de sensibilisation et des actions de plaidoyer. Leur engagement en faveur de la démocratie et des droits de l'homme est essentiel pour promouvoir des sociétés plus justes, inclusives et démocratiques.

Les cyber activistes jouent un rôle crucial dans la promotion de la liberté d'expression et de la démocratie, en utilisant les technologies de l'information et de la communication pour défendre les droits fondamentaux et lutter contre les injustices. Leur travail contribue à renforcer la citoyenneté active, la participation démocratique et la protection des libertés individuelles, en construisant un monde plus juste et équitable pour tous.

Les cyber activistes continuent de jouer un rôle essentiel dans la défense des droits de l'homme et de la démocratie à l'ère numérique. Leur capacité à mobiliser des citoyens, à sensibiliser l'opinion publique et à faire pression sur les gouvernements et les institutions est cruciale pour promouvoir le respect des libertés individuelles et collectives.

Cependant, les cyber activistes font également face à des défis importants, tels que la répression gouvernementale, la surveillance en ligne, la désinformation et la manipulation des réseaux sociaux. Il est donc essentiel de renforcer la protection des défenseurs des droits de l'homme et des activistes en ligne, en garantissant leur sécurité et en défendant leur liberté d'expression.

En tant que citoyens engagés, nous pouvons soutenir les cyber activistes en partageant leurs messages, en participant à leurs campagnes et en défendant les principes de liberté, de justice et de démocratie. En travaillant ensemble, nous pouvons construire un monde plus juste et équitable, où les droits de l'homme sont respectés et où la voix de chacun peut être entendue.

En fin de compte, les cyber activistes sont des défenseurs courageux et dévoués qui œuvrent pour un avenir meilleur pour tous. Leur engagement et leur détermination à promouvoir la liberté, la justice et la démocratie méritent d'être salués et soutenus.

10. Dénonciation de la censure et des violations des droits de l'homme

La dénonciation de la censure et des violations des droits de l'homme est au cœur de l'engagement des cyber activistes. En effet, ces derniers jouent un rôle crucial dans la sensibilisation du public aux atteintes aux libertés individuelles et collectives, que ce soit en ligne ou hors ligne.

La censure, qu'elle soit exercée par des gouvernements autoritaires, des entreprises privées ou d'autres acteurs, constitue une menace majeure pour la liberté d'expression et la démocratie. Les cyber activistes s'efforcent de dénoncer ces pratiques et de mettre en lumière les cas de censure afin de mobiliser l'opinion publique et de faire pression sur les autorités pour garantir le respect des droits fondamentaux.

Par ailleurs, les violations des droits de l'homme, telles que la répression des dissidents, la surveillance abusive, la torture et les discriminations, sont également des sujets de préoccupation majeure pour les cyber activistes. Leur travail consiste à documenter ces abus, à témoigner des souffrances des victimes et à demander des comptes aux responsables de ces violations.

En utilisant les outils numériques à leur disposition, tels que les réseaux sociaux, les blogs, les sites web et les plateformes de communication sécurisées, les cyber activistes parviennent à diffuser rapidement et efficacement des informations sur les violations des droits de l'homme et à mobiliser un large public pour agir en faveur de la justice et de la liberté.

En définitive, la dénonciation de la censure et des violations des droits de l'homme est un pilier essentiel de l'action des cyber activistes, qui œuvrent sans relâche pour défendre les principes de liberté, de justice et de démocratie dans un monde de plus en plus connecté et interdépendant.à la dénonciation de la censure et des violations des droits de l'homme, les cyber activistes s'engagent également dans des actions concrètes pour promouvoir la liberté d'expression, la protection de la vie privée et la défense des droits fondamentaux en ligne. Parmi les actions menées par les cyber activistes, on peut citer:

Campagnes de sensibilisation

Les cyber activistes utilisent les réseaux sociaux, les blogs et d'autres plateformes en ligne pour sensibiliser le public aux enjeux liés à la censure et aux violations des droits de l'homme. Ils diffusent des informations, des témoignages et des analyses pour éduquer et mobiliser les internautes autour de ces questions cruciales.

Défense des victims

Les cyber activistes apportent leur soutien aux victimes de censure et de violations des droits de l'homme en ligne, en les aidant à documenter les abus, à se protéger contre la surveillance et la répression, et en les accompagnant dans leurs démarches pour obtenir justice et réparation.

Plaidoyer pour des réformes législatives

Les cyber activistes militent pour l'adoption de lois et de politiques qui garantissent la liberté d'expression, la protection de la vie privée et le respect des droits de l'homme en ligne. Ils font pression sur les gouvernements et les institutions internationales pour promouvoir des réformes législatives et réglementaires en faveur de la liberté numérique.

Développement d'outils de protection

Les cyber activistes contribuent au développement et à la diffusion d'outils de protection de la vie privée et de la sécurité en ligne, tels que les logiciels de chiffrement, les réseaux privés virtuels (VPN) et les navigateurs sécurisés. Ils encouragent les internautes à utiliser ces outils pour se protéger contre la surveillance et la censure en ligne.

En somme, les cyber activistes jouent un rôle essentiel dans la lutte contre la censure et les violations des droits de l'homme en ligne, en sensibilisant le public, en défendant les victimes, en plaidant pour des réformes législatives et en développant des outils de protection. Leur engagement contribue à promouvoir une société plus libre, juste et démocratique, tant en ligne que hors ligne.

11. Défis rencontrés par les cyber activistes en Côte d'Ivoire

En Côte d'Ivoire, les cyber activistes font face à plusieurs défis dans leur lutte pour la liberté d'expression, la protection des droits de l'homme et la promotion de la démocratie en ligne. Voici quelques-uns des principaux défis auxquels ils sont confrontés :

Répression et harcèlement

Les cyber activistes en Côte d'Ivoire sont souvent victimes de répression et de harcèlement de la part des autorités gouvernementales. Ils sont régulièrement surveillés, intimidés, arrêtés et parfois même emprisonnés pour leurs activités en ligne. Cette répression vise à les faire taire et à les dissuader de critiquer le gouvernement ou de dénoncer les abus.

Censure en ligne

Les autorités ivoiriennes ont recours à la censure en ligne pour contrôler l'information et réprimer la dissidence. Les sites web, les réseaux sociaux et les plateformes de communication sont régulièrement bloqués ou restreints, limitant ainsi la liberté d'expression et l'accès à l'information pour les cyber activistes et les citoyens en général.

Manque de protectionLes cyber activistes en Côte d'Ivoire font face à un manque de protection juridique et institutionnelle pour leurs activités en ligne. Ils sont souvent exposés à des risques de sécurité, de surveillance et de représailles, sans disposer de mécanismes efficaces pour se protéger et défendre leurs droits.

Difficultés d'accès à l'information

Les cyber activistes rencontrent des difficultés pour accéder à l'information et aux ressources nécessaires à leurs activités en ligne. Le manque de transparence, la désinformation et les restrictions imposées par les autorités limitent leur capacité à mener des actions efficaces et à sensibiliser le public sur les enjeux liés à la liberté d'expression et aux droits de l'homme.

Fragmentation et polarisation

La communauté des cyber activistes en Côte d'Ivoire est souvent fragmentée et polarisée, ce qui limite sa capacité à agir de manière coordonnée et efficace. Les divergences politiques, idéologiques et personnelles peuvent entraver la collaboration et la solidarité entre les activistes, affaiblissant ainsi leur impact sur la scène politique et sociale.6. Manque de ressources : Les cyber activistes en Côte d'Ivoire font souvent face à un manque de ressources financières, techniques et humaines pour mener à bien leurs activités en ligne. Ils doivent souvent compter sur des financements limités, des outils technologiques obsolètes et des effectifs réduits, ce qui entrave leur capacité à mener des actions efficaces et à faire face aux défis rencontrés.

Difficultés de coordination

La coordination entre les cyber activistes et les organisations de la société civile en Côte d'Ivoire peut parfois être difficile en raison de la diversité des acteurs, des agendas et des approches. La mise en place de collaborations et de partenariats efficaces nécessite un effort supplémentaire pour surmonter les différences et les rivalités, afin de renforcer l'impact collectif des actions menées en ligne.

Menaces en ligne

Les cyber activistes en Côte d'Ivoire sont également confrontés à des menaces en ligne, telles que le harcèlement, les attaques informatiques et la diffusion de fausses informations à leur encontre. Ces menaces peuvent compromettre leur sécurité en ligne, leur réputation et leur capacité à mener des actions de plaidoyer et de sensibilisation de manière sécurisée.

Contraintes légales

Les lois et réglementations en vigueur en Côte d'Ivoire peuvent constituer des contraintes pour les cyber activistes, en limitant leur liberté d'expression et en les exposant à des poursuites judiciaires. Les dispositions légales restrictives, telles que les lois sur la diffamation, la cybercriminalité et la sécurité nationale, peuvent être utilisées pour réprimer les activistes en ligne et restreindre leur espace de liberté sur Internet.

Besoin de renforcement des capacités

Les cyber activistes en Côte d'Ivoire ont besoin de renforcement des capacités pour améliorer leurs compétences en matière de sécurité numérique, de plaidoyer en ligne, de communication stratégique et de mobilisation citoyenne. Des formations, des ateliers et des ressources adaptées sont nécessaires pour renforcer leur efficacité et leur résilience face aux défis rencontrés dans leur engagement en ligne.

En dépit de ces défis, les cyber activistes en Côte d'Ivoire continuent de jouer un rôle essentiel dans la promotion des droits de l'homme.

Malgré ces défis, les cyber activistes en Côte d'Ivoire continuent de jouer un rôle crucial dans la promotion de la liberté d'expression, la défense des droits de l'homme et la lutte pour la démocratie en ligne. Leur engagement et leur détermination face à l'adversité témoignent de leur importance dans la société civile ivoirienne et de leur contribution à la construction d'un espace numérique plus libre, inclusif et démocratique.

12.   Répression du gouvernement et accusations contre les cyber activists

La répression du gouvernement à l'encontre des cyber activistes est un phénomène de plus en plus répandu dans de nombreux pays à travers le monde. Les autorités répriment souvent les cyber activistes en utilisant des lois restrictives sur la liberté d'expression et en les accusant de crimes tels que la diffusion de fausses informations, la diffusion de contenus subversifs ou même la cybercriminalité.

Les cyber activistes sont souvent pris pour cibles par les gouvernements en raison de leur capacité à mobiliser rapidement et efficacement un grand nombre de personnes, en utilisant les technologies de l'information et de la communication. Leur capacité à organiser des manifestations en ligne, à diffuser des informations rapidement et à faire pression sur les autorités s'avère être une menace pour les régimes autoritaires ou les gouvernements oppressifs.

Les cyber activistes sont souvent persécutés, harcelés, arrêtés et emprisonnés par les autorités. Ils sont souvent accusés de crimes fictifs ou exagérés afin de les réduire au silence et de décourager les autres de s'engager dans des activités similaires. De nombreux cyber activistes font face à des procès inéquitables, à des peines de prison sévères ou à des tortures physiques et psychologiques.

La répression contre les cyber activistes est un défi majeur pour la défense des droits de l'homme et de la liberté d'expression dans le monde numérique d'aujourd'hui. Il est crucial que la communauté internationale et les organisations de défense des droits de l'homme continuent de surveiller de près la situation des cyber activistes et de plaider en leur faveur afin de mettre fin à leur persécution et de garantir leur droit fondamental à la liberté d'expression.L'évolution rapide des technologies de l'information et de la communication a donné naissance à de nouveaux défis en matière de protection des droits humains, notamment en ce qui concerne la répression des cyber activistes. Les gouvernements utilisent de plus en plus des outils de surveillance en ligne pour traquer et cibler les activistes, compromettant ainsi leur confidentialité et leur sécurité en ligne.

En outre, les lois sur la cybercriminalité sont souvent utilisées de manière abusive pour criminaliser les activités légitimes des cyber activistes, limitant ainsi leur capacité à défendre les droits de l'homme et à exprimer librement leurs opinions en ligne.

Face à cette répression croissante, il est essentiel que la société civile, les médias et les organisations de défense des droits de l'homme continuent de soutenir et de protéger les cyber activistes. Il est également nécessaire de sensibiliser le public sur l'importance de la liberté d'expression en ligne et de faire pression sur les gouvernements pour qu'ils respectent et protègent ce droit fondamental.Le soutien aux cyber activistes peut prendre différentes formes, notamment en leur fournissant des outils et des compétences pour protéger leur sécurité en ligne, en amplifiant leur message à travers les réseaux sociaux et les médias traditionnels, en les aidant à accéder à des ressources et des financements pour leurs campagnes et en plaidant en leur faveur auprès des autorités locales et internationales.

Il est également important de mettre en place des mécanismes de surveillance et de responsabilité pour lutter contre la répression des cyber activistes, en veillant à ce que les gouvernements respectent les normes internationales en matière de liberté d'expression et de droits de l'homme.

Il est crucial pour les cyber activistes de continuer à se mobiliser, à se former et à s'unir pour défendre leurs droits et faire entendre leur voix. Ensemble, ils peuvent surmonter les obstacles et les menaces qui se dressent sur leur chemin et continuer à lutter pour un monde plus juste, égalitaire et respectueux des droits de l'homme pour tous.

En fin de compte, la répression des cyber activistes est une atteinte à la liberté d'expression et un obstacle à la démocratie et aux droits de l'homme. Il est crucial de continuer à défendre et à soutenir les cyber activistes dans leur lutte pour la justice, la liberté et l'égalité, afin de créer un monde où les voix de tous peuvent être entendues et respectées, en ligne et hors ligne.

13. Résilience des cyber activistes malgré les défis

La résilience des cyber activistes face aux nombreux défis auxquels ils sont confrontés est un aspect crucial de leur travail. Malgré les pressions, les menaces, la censure et la répression, de nombreux cyber activistes continuent de se battre pour leurs causes, de défendre les droits de l'homme et de promouvoir la justice sociale.

La résilience des cyber activistes se manifeste par leur capacité à surmonter les obstacles, à s'adapter aux nouvelles situations et à persévérer malgré les difficultés. Ils sont souvent confrontés à des risques pour leur sécurité personnelle, leur liberté et leur bien-être, mais ils continuent à militer avec détermination et courage.

Les cyber activistes font preuve d'une grande créativité et d'une grande agilité dans leurs actions, en utilisant les nouvelles technologies pour contourner la censure, diffuser leurs messages et mobiliser le soutien de la communauté internationale. Leur capacité à s'organiser en réseaux, à collaborer avec d'autres militants et à partager leurs connaissances et leurs compétences est un élément clé de leur résilience.La résilience des cyber activistes est également renforcée par leur capacité à s'adapter aux évolutions rapides de l'environnement numérique et à innover dans leurs stratégies et tactiques. Ils exploitent les nouvelles technologies, les réseaux sociaux et les plateformes en ligne pour sensibiliser, mobiliser et organiser des actions pour leurs causes.

De plus, la solidarité et le soutien mutuel au sein de la communauté des cyber activistes jouent un rôle important dans leur résilience. Ils se soutiennent les uns les autres, partagent des ressources et des informations, et créent des alliances pour renforcer leur impact et leur efficacité.

Malgré les risques et les défis, les cyber activistes continuent de mener des actions courageuses et de défendre leurs convictions. Leur résilience est un témoignage de leur détermination, de leur passion et de leur engagement envers la justice sociale et les droits de l'homme.

En conclusion, la résilience des cyber activistes face aux défis auxquels ils sont confrontés est un aspect essentiel de leur travail. Leur capacité à surmonter les obstacles, à s'adapter aux nouvelles situations et à persévérer dans leur lutte pour la justice et les droits de l'homme est une source d'inspiration pour tous ceux qui défendent les causes qui leur tiennent à cœur.

Malgré les défis auxquels ils sont confrontés, les cyber activistes restent engagés et motivés, conscients de l'importance de leur travail et de leur impact sur la société. Leur résilience est une source d'inspiration pour d'autres militants et pour les personnes qui luttent pour la justice et les droits de l'homme à travers le monde.

14. Utilisation des outils numériques pour promouvoir la transparence et la responsabilité

L'utilisation des outils numériques par les cyber activistes pour promouvoir la transparence et la responsabilité est un aspect essentiel de leur travail. Les technologies numériques offrent aux activistes la possibilité de collecter, analyser et diffuser des informations de manière rapide et efficace, ce qui peut contribuer à accroître la transparence des gouvernements, des entreprises et des institutions.

Les cyber activistes utilisent des outils tels que les réseaux sociaux, les sites web, les blogs, les plateformes de partage de documents et les applications de messagerie pour diffuser des informations sur les violations des droits de l'homme, la corruption, les abus de pouvoir et d'autres problèmes sociaux. Ils peuvent également recueillir des données, mener des enquêtes et partager des preuves de manière collaborative avec d'autres activistes et organisations.

Grâce à l'utilisation de ces outils numériques, les cyber activistes peuvent sensibiliser le public, mobiliser des soutiens, exercer des pressions sur les autorités et les entreprises, et promouvoir la responsabilité à tous les niveaux de la société. Par exemple, les campagnes en ligne, les pétitions électroniques et les actions de boycott numériques sont des moyens utilisés par les cyber activistes pour faire entendre leur voix et agir pour le changement.

Les outils numériques permettent aux activistes de documenter et de partager en temps réel des informations sur les événements et les violations des droits de l'homme, ce qui peut contribuer à prévenir les abus et à protéger les personnes en danger. En utilisant la technologie de manière créative et stratégique, les cyber activistes peuvent avoir un impact significatif sur la promotion de la transparence, de la responsabilité et de la justice sociale dans le monde entier.

Les outils numériques permettent également aux cyber activistes de contourner la censure et la répression gouvernementale en diffusant des informations de manière anonyme et sécurisée. Par exemple, l'utilisation de réseaux privés virtuels (VPN), de serveurs proxy et de cryptage des communications peut aider à protéger l'identité des activistes et à garantir la confidentialité de leurs communications.

En outre, les technologies numériques offrent aux cyber activistes la possibilité de créer des espaces en ligne sûrs et inclusifs pour l'organisation, la collaboration et le partage d'informations. Les plateformes de collaboration en ligne, les forums de discussion et les groupes de messagerie sécurisés permettent aux activistes de travailler ensemble de manière efficace et de coordonner leurs actions pour atteindre leurs objectifs.

Enfin, l'utilisation des outils numériques pour promouvoir la transparence et la responsabilité présente également des défis, notamment en ce qui concerne la protection de la vie privée, la sécurité des données et la manipulation de l'information. Il est donc essentiel que les cyber activistes soient conscients des risques liés à l'utilisation de ces technologies et prennent des mesures pour garantir la sécurité et l'intégrité de leurs activités en ligne.

En définitive, l'utilisation des outils numériques par les cyber activistes pour promouvoir la transparence et la responsabilité est un aspect crucial de leur travail pour défendre les droits de l'homme, lutter contre la corruption et promouvoir la justice sociale. Grâce à une utilisation stratégique et éthique de la technologie, les activistes peuvent renforcer leur capacité à mobiliser le public et à exercer une pression sur les institutions pour faire avancer les changements nécessaires vers un monde plus juste et équitable.

15.   Contribution des cyber activistes à la transformation de la société ivoirienne

Les cyber activistes ont joué un rôle crucial dans la transformation de la société ivoirienne en faisant valoir les droits de l'homme, en luttant contre la corruption, en promouvant la justice sociale et en amplifiant les voix marginalisées. Leur utilisation stratégique des outils numériques a permis de sensibiliser l'opinion publique, de mobiliser les citoyens et de mettre en lumière les injustices et les abus de pouvoir.

L'une des contributions majeures des cyber activistes en Côte d'Ivoire a été leur capacité à dénoncer les violations des droits de l'homme et à mettre en lumière les cas de violence et de répression. Par exemple, ils ont documenté et diffusé des preuves de brutalités policières, d'arrestations arbitraires et de détentions illégales, ce qui a contribué à faire pression sur les autorités pour demander des comptes et exiger la justice.

En outre, les cyber activistes ont également joué un rôle clé dans la mobilisation sociale pour la promotion de la transparence et de la responsabilité gouvernementale. Leur travail de sensibilisation et de plaidoyer a contribué à mettre en lumière les cas de corruption et de malversation des fonds publics, incitant les autorités à prendre des mesures pour lutter contre ces pratiques néfastes.

Les cyber activistes en Côte d'Ivoire ont utilisé les technologies numériques pour promouvoir la participation citoyenne, l'éducation politique et la mobilisation des jeunes. Leur capacité à créer des espaces en ligne sûrs et inclusifs pour le dialogue et l'échange d'idées a permis de renforcer la société civile et de promouvoir une culture de la démocratie et de la citoyenneté active. La contribution des cyber activistes à la transformation de la société ivoirienne va au-delà de la dénonciation des violations des droits de l'homme et de la lutte contre la corruption. Leur impact positif s'étend également à la promotion de la diversité, de l'inclusion et de l'égalité des genres. En utilisant les plateformes numériques pour défendre et amplifier les voix des femmes, des minorités ethniques, des personnes LGBTQ+ et d'autres groupes marginalisés, les cyber activistes ont contribué à créer un environnement plus inclusif et équitable pour tous les citoyens ivoiriens.

Les cyber activistes ont également joué un rôle crucial dans la sensibilisation et la mobilisation des jeunes en Côte d'Ivoire. En utilisant les réseaux sociaux, les blogs, les vidéos en ligne et d'autres moyens numériques, ils ont pu atteindre un large public de jeunes et les impliquer dans des discussions importantes sur des questions sociales, politiques et économiques. Leur capacité à mobiliser et à inspirer la jeunesse ivoirienne a contribué à renforcer la participation des jeunes dans la vie publique et à encourager une nouvelle génération de leaders engagés et actifs.

Les cyber activistes ont également été des défenseurs de la liberté d'expression et de la liberté de la presse en Côte d'Ivoire. En s'opposant à la censure, à la répression et aux tentatives de contrôle de l'information, ils ont joué un rôle crucial dans la protection de ces libertés fondamentales et dans la promotion d'un environnement médiatique pluraliste et démocratique.

La contribution des cyber activistes à la transformation de la société ivoirienne ne peut être surestimée. Leur engagement en faveur des droits de l'homme, de la transparence, de la participation citoyenne, de l'inclusion et de la liberté d'expression a eu un impact significatif sur la construction d'une société plus juste, démocratique et équitable en Côte d'Ivoire. Leur travail continue d'être essentiel pour promouvoir le changement social positif et pour défendre les valeurs démocratiques dans le pays.

En fin de compte, les cyber activistes ont contribué de manière significative à la transformation de la société ivoirienne en agissant comme des porte-voix pour les populations marginalisées, en exerçant une pression sur les autorités pour rendre des comptes et en mobilisant les citoyens pour défendre leurs droits et promouvoir le changement social. Leur engagement et leur détermination à utiliser les outils numériques pour le bien commun ont été essentiels pour construire une société civile forte et dynamique en Côte d'Ivoire.

16. Consolidation de la démocratie en Côte d'Ivoire grâce aux cyber activists

Les cyber activistes en Côte d'Ivoire ont joué un rôle essentiel dans la consolidation de la démocratie dans le pays en agissant comme des gardiens de la transparence, de la responsabilité et de la participation citoyenne. Leur utilisation des outils numériques pour surveiller les activités gouvernementales, dénoncer la corruption, défendre les droits de l'homme et mobiliser les citoyens a contribué à renforcer les institutions démocratiques et à promouvoir une gouvernance plus démocratique et inclusive.

En premier lieu, les cyber activistes ont agi comme des contre-pouvoirs en surveillant de près les actions du gouvernement et en dénonçant les abus de pouvoir, les violations des droits de l'homme et la corruption. Leur capacité à diffuser rapidement des informations via les réseaux sociaux et d'autres plateformes en ligne a permis de sensibiliser le public et de mettre la pression sur les autorités pour répondre aux préoccupations des citoyens. Leur travail a contribué à accroître la transparence et la responsabilité des gouvernants et à renforcer l'état de droit en Côte d'Ivoire.

En outre, les cyber activistes ont également joué un rôle crucial dans la mobilisation des citoyens pour participer activement à la vie politique et à la prise de décision. En organisant des campagnes en ligne, des pétitions, des manifestations virtuelles et d'autres actions de sensibilisation, ils ont encouragé les citoyens à s'engager dans le débat public, à exprimer leurs opinions et à prendre part aux processus démocratiques. Leur travail a contribué à renforcer la participation citoyenne et à promouvoir une culture de la responsabilité et de la reddition de comptes en Côte d'Ivoire.

Enfin, les cyber activistes ont également joué un rôle important dans la promotion des valeurs démocratiques telles que la liberté d'expression, le pluralisme médiatique et le respect des droits de l'homme en Côte d'Ivoire. En défendant la liberté d'expression en ligne, en s'opposant à la censure et à la répression, et en soutenant les médias indépendants, ils ont contribué à créer un environnement plus ouvert et démocratique pour le débat public et la diversité des opinions.

Les cyber activistes ont contribué à transformer le paysage politique en Côte d'Ivoire en utilisant les outils numériques pour mobiliser, informer et sensibiliser les citoyens sur les enjeux démocratiques et sociaux. Leur capacité à contourner les contraintes traditionnelles de l'espace public et à atteindre un large public a permis de créer un espace de débat et de contestation plus ouvert et inclusif.

Les cyber activistes ont également joué un rôle dans la promotion de la paix et de la réconciliation en Côte d'Ivoire. En utilisant les réseaux sociaux pour diffuser des messages de tolérance, d'unité et de compréhension mutuelle, ils ont contribué à apaiser les tensions et à construire des ponts entre les différentes communautés du pays. Leur travail dans la lutte contre la propagation de la haine et de la désinformation a été crucial pour promouvoir un climat de confiance et de respect mutuel entre les Ivoiriens.

Les cyber activistes ont également contribué à renforcer le processus électoral en Côte d'Ivoire en surveillant les élections, en dénonçant les irrégularités et en appelant à la transparence et à l'intégrité du processus. Leur engagement pour des élections libres et équitables a été essentiel pour garantir la légitimité et la crédibilité des résultats électoraux, et pour renforcer la confiance du public dans le système politique du pays.

En somme, les cyber activistes en Côte d'Ivoire ont joué un rôle crucial dans la consolidation de la démocratie en agissant comme des acteurs clés de la société civile pour promouvoir la transparence, la responsabilité, la participation citoyenne, la paix et la réconciliation. Leur engagement continu est essentiel pour renforcer les acquis démocratiques du pays et pour promouvoir une gouvernance plus démocratique et inclusive en Côte d'Ivoire

En conclusion, les cyber activistes en Côte d'Ivoire ont joué un rôle crucial dans la consolidation de la démocratie dans le pays en agissant comme des défenseurs de la transparence, de la responsabilité, de la participation citoyenne et des droits de l'homme. Leur travail continue d'être essentiel pour renforcer les institutions démocratiques, promouvoir une gouvernance plus démocratique et inclusive, et défendre les valeurs démocratiques fondamentales en Côte d'Ivoire.

17.   Conclusion

En conclusion, les cyber activistes en Côte d'Ivoire ont été des forces de changement dynamiques et cruciales dans la promotion de la démocratie, de la paix et de la justice sociale dans le pays. Leur utilisation habile des technologies numériques pour mobiliser, informer et sensibiliser les citoyens a ouvert de nouveaux espaces de débat et de contestation, renforçant ainsi la voix de la société civile et contribuant à la consolidation des acquis démocratiques.

Malgré les défis et les obstacles auxquels ils sont confrontés, les cyber activistes ont démontré un engagement indéfectible en faveur de la transparence, de la responsabilité et de la participation citoyenne. Leur travail a été essentiel pour promouvoir la tolérance, l'unité et la réconciliation entre les communautés ivoiriennes, contribuant ainsi à la construction d'une société plus inclusive et pacifique.

Pour assurer la pérennité de ces avancées démocratiques, il est essentiel de soutenir et de protéger les cyber activistes, de garantir leur liberté d'expression et d'action, et de renforcer les mécanismes de reddition de comptes et de participation citoyenne. En collaborant avec d'autres acteurs de la société civile, du gouvernement et de la communauté internationale, les cyber activistes peuvent continuer à jouer un rôle crucial dans la promotion d'une gouvernance démocratique et inclusive en Côte d'Ivoire.

En fin de compte, les cyber activistes sont des défenseurs courageux de la démocratie et des droits de l'homme en Côte d'Ivoire, et leur contribution indispensable à la société civile et au processus politique du pays ne peut être surestimée. Leur travail continue à être essentiel pour consolider les acquis démocratiques du pays, promouvoir la paix et la réconciliation et construire un avenir meilleur pour tous les Ivoiriens.

BILBLIOGRAPHIE

1. Brou A. (2019). Les cyber activistes en Côte d'Ivoire : Entre contestation et mobilisation citoyenne. Revue Africaine de Cyberactivisme. Vol. 12, No. 3, pp. 45-60.

2. Kouassi D. (2020). L'impact des cyber activistes sur la démocratie ivoirienne. Journal of African Political Science. Vol. 8, No. 2, pp. 78-92.

3. Zadi L. (2018). Réseaux sociaux et engagement politique en Côte d'Ivoire : Le rôle des cyber activistes. Revue Internationale des Études Politiques. Vol. 5, No. 4, pp. 112-125.

4. Ministère de la Communication et de l'Economie Numérique de la Côte d'Ivoire. (2021). Rapport annuel sur l'utilisation des réseaux sociaux et des nouvelles technologies dans le paysage politique ivoirien.

5. Institut National des Statistiques de Côte d'Ivoire. (2020). Enquête sur l'utilisation des médias numériques et des réseaux sociaux en Côte d'Ivoire.

SECTION DE RÉFÉRENCE : - Kouamé M. et al. (2021). Cyber activisme et transformation politique en Côte d'Ivoire. Abidjan : Presses Universitaires de Côte d'Ivoire.

More
Books!

info@omniscriptum.com
www.omniscriptum.com
OMNIScriptum

Printed by Books on Demand GmbH, Norderstedt / Germany